BEI GRIN MACHT SICH IHR WISSEN BEZAHLT

AF151821

- Wir veröffentlichen Ihre Hausarbeit,
  Bachelor- und Masterarbeit

- Ihr eigenes eBook und Buch -
  weltweit in allen wichtigen Shops

- Verdienen Sie an jedem Verkauf

Jetzt bei www.GRIN.com hochladen und kostenlos publizieren

Bibliografische Information der Deutschen Nationalbibliothek:

Die Deutsche Bibliothek verzeichnet diese Publikation in der Deutschen National-
bibliografie; detaillierte bibliografische Daten sind im Internet über http://dnb.d-
nb.de/ abrufbar.

Impressum:

Copyright © 2012 GRIN Verlag, Open Publishing GmbH
Druck und Bindung: Books on Demand GmbH, Norderstedt Germany
ISBN: 9783656580409

Dieses Buch bei GRIN:

http://www.grin.com/de/e-book/265384/erstellung-eines-festen-satzspiegels-fuer-
eine-doppelseite-durch-diagonalkonstruktion

Jenny U.

Erstellung eines festen Satzspiegels für eine Doppelseite durch Diagonalkonstruktion (Unterweisung Mediengestalter/in)

4-Stufen-Methode

GRIN Verlag

Konzept für eine Ausbildungseinheit im Rahmen der Ausbildereignungsprüfung

Für die Berufsausbildung zum:
Mediengestalter Digital und Print / zur Mediengestalterin Digital und Print

Thema der Unterweisung:
Erstellung eines festen Satzspiegels für eine Doppelseite mit Hilfe der Diagonalkonstruktion

Prüfungstermin:
04. Dezember 2012
Industrie- und Handelskammer zu Dortmund

[Rollenspiel / Vier-Stufen-Methode]

Inhaltsverzeichnis

1. Das Unternehmen 3

1.1. Mitarbeiter 3

1.2. Auszubildende Mediengestalterin Digital und Print 3

2. Lernort 3

2.1. Zeitrahmen der Unterweisung 4

3. Lernziele 4

3.1 Richtlernziel 4

3.2. Groblernziel 4

3.3. Feinlernziel 4

4. Lernbereiche 4

4.1. Kognitiver Lernbereich 4

4.2. Affektiver Lernbereich 4

4.3. Psychomotorischer Lernbereich 5

5. Kompetenzen 5

5.1. Fachkompetenz 5

5.2. Methodenkompetenz 5

5.3. Sozialkompetenz 5

5.4. Individualkompetenz 5

6. Arbeitsmittel 5

7. Methode 6

8. Ablauf 6

8.1. Stufe: Vorbereiten durch den Ausbilder 6

8.2. Stufe: Vormachen und erklären durch den Ausbilder 7

8.3. Stufe: Nachmachen und erklären lassen 10

8.4. Stufe: Selbständiges Üben zur Vertiefung 10

9. Lernerfolgskontrolle 10

1. Das Unternehmen

Unternehmen XXX bietet von der Strategieberatung über die Markt- und Zielgruppenanalyse bis hin zur Gestaltung und Produktion von Werbemedien alles für die komplette Planung und Umsetzung von Marketing-Kampagnen und Vertriebsaktionen an. Die Medien und Konzepte können über alle Kommunikations-Kanäle egal ob online oder offline produziert werden und damit zielgruppenorientiert eingesetzt werden.

1.1. Mitarbeiter

- insgesamt 120 Mitarbeiter
- 4 Mitarbeiter in der Gestaltungsabteilung
    davon 1 Auszubildende im Bereich Mediengestalterin Digital und Print
    zusätzlich 1 Auszubildender im Bereich Bürokaufmann

1.2. Auszubildende Mediengestalterin Digital und Print

- Schneider, 17 Jahre
- weiblich
- Ausbildung zur Mediengestalterin Digital und Print
- Fachoberschulreife
- 1. Ausbildungsjahr: 2. Woche der Ausbildung
- wohnt noch bei den Eltern

Frau Schneider besitzt keine Vorkenntnisse, hat aber bereits durch Ihre intrinsische Motivation erste Lernerfolge erreicht. Sie erledigt selbständig ausgewählte Aufgaben nach Unterweisungen. Frau Schneider verkörpert den audio-visuellen Lerntyp und ist zudem sehr handlungsorientiert, zuverlässig und wissbegierig. Sie hat sich in der ersten Woche sehr gut ins Team integriert.

In der Berufsschule hat Frau Schneider bereits die unterschiedlichen Formatangaben (DIN Formate) durchgenommen. Sie kann dem Unterricht sehr gut folgen und erfüllt Ihre Aufgaben dort ebenfalls sorgfältig und verantwortungsbewusst.

2. Lernort

Durchführungsort der Ausbildungseinheit ist der normale, innerbetriebliche Arbeitsplatz der Auszubildenden in der Grafikabteilung. Hier sind ausreichend Platz und eine positive, angenehme und ruhige Lernatmosphäre gegeben. Es handelt sich um ein Zweierbüro in dem ich als Ausbilder mit meiner Auszubildenden Frau Schneider sitze.

2.1. Zeitrahmen der Unterweisung

Für die Konstruktion des Satzspiegels wird ein Zeitrahmen von 45 Minuten benötigt. Aufgrund der Zeitbegrenzung erfolgt die Unterweisung in 15 Minuten.

Unter Berücksichtigung des Biorhythmus der Auszubildenden erfolgt die Unterweisung um 10:00 Uhr. Vormittags besteht eine erhöhte Aufmerksamkeit und dadurch trägt die hohe Aufnahmefähigkeit zur Maximierung des Lernerfolges bei.

3. Lernziele

3.1 Richtlernziel

Gestaltungsgrundlagen
Ausbildungsrahmenplan § 4 Abs. 2 Abschnitt A Nr. 2

3.2. Groblernziel

Grundelemente der Gestaltung unter Berücksichtigung der Gestaltgesetze einsetzen

3.3. Feinlernziel

Nach der Unterweisung soll Frau Schneider den Satzspiegel für unterschiedliche Doppelseiten-Formate selbständig konstruieren und so ein Gefühl für den ausgewogenen Gestaltungsraum von Büchern, Broschüren und Zeitschriften erwerben. Sie soll verinnerlicht haben, dass layouten immer ein bewusstes und geplantes Arbeiten in einem vorgegebenen Format ist und nicht jedes Projekt gleich am Computer startet.

4. Lernbereiche

4.1. Kognitiver Lernbereich

Die Auszubildende lernt fernab von Computern mit Hilfe der Diagonalkonstruktion den Satzspiegel für Doppelseiten aufzubauen.

4.2. Affektiver Lernbereich

Die Auszubildende versteht das layouten immer ein bewusstes und geplantes Arbeiten beinhaltet und man durch das Erstellen von Rahmenbedingungen (Satzspiegel) das Fundament für eine harmonische Gestaltung erstellt.

4.3. Psychomotorischer Lernbereich

Frau Schneider kann mit Hilfe von Papier, Lineal und Bleistift einen festen Satzspiegel für Doppelseiten Layouts (Bücher, Zeitschriften und Broschüren) konstruieren.

5. Kompetenzen

5.1. Fachkompetenz

Durch die Unterweisung erhält die Auszubildende die handwerklichen Fähigkeiten mit der Diagonalkonstruktion den Satzspiegel für ein doppelseitiges Layout zu erstellen.

5.2. Methodenkompetenz

Die Vorgehensweise bei der Satzspiegelkonstruktion durch Anwendung des plan- mäßigen Verfahrens.

5.3. Sozialkompetenz

Sozialkompetenz wird trainiert durch das Einfühlungsvermögen (Empathie), sich in andere Menschen und neue Situationen hineinversetzen, Bedürfnisse anderer wahrzunehmen und angemessen zu agieren. In der Gestaltung sind die Wahrnehmungsgewohnheiten von Menschen besonders zu beachten. So hilft eine harmonische und gut strukturierte Gestaltung dem Betrachter, leichter Inhalte
aufzunehmen.

5.4. Individualkompetenz

Die Auszubildende erlernt Selbständigkeit, da durch die Nutzung der Diagonalkon- struktion die unterschiedlichsten Formate mit einem Satzspiegel erstellt werden können. So kann Sie zukünftig selbständig die Struktur des Mediums aufbauen.

6. Arbeitsmittel

- mehrere weiße Blätter A4
- Bleistift
- Lineal
- Farbiger Stift
- Zettel mit der Aufschrift Kopfsteg, Fußsteg, Außensteg und Bundsteg

7. Methode

Für die Unterweisung wird die Vier-Stufen-Methode innerhalb eines Rollenspiels ausgewählt, da Frau Schneider keine Vorkenntnisse besitzt. Zudem verkörpert Sie den audio-visuellen Lerntypen.

Bei dem Thema handelt es sich um eine Tätigkeit, die man vormachen, nachmachen und vertiefen kann. Zudem stellt die Unterweisung der Diagonalkonstruktion eine Grundfertigkeit da. Durch die Vier-Stufen-Methode kann man kleine anschauliche Lernschritte erstellen. Durch die Verbindung von Theorie und Praxis sowie eine unmittelbare Erfolgskontrolle wird der Auszubildende aktiv eingebunden.

Bei der Vier-Stufen-Methode werden vier Umsetzungsphasen durchlaufen:
1. Vorbereiten
2. Vormachen
3. Nachmachen
4. Üben

8. Ablauf

Durch die Unterweisung erhält die Auszubildende die handwerklichen Fähigkeiten mit der Diagonalkonstruktion den Satzspiegel für ein doppelseitiges Layout zu erstellen.

8.1. Stufe: Vorbereiten durch den Ausbilder

In der ersten Stufe lege ich die erforderlichen Arbeitsmaterialien bereit. Durch die Begrüßung von Frau Schneider schaffe ich eine angenehme Lernatmosphäre und baue die mögliche Nervosität der Auszubildenden ab. Durch die Beschreibung des Lernziels und die damit verbundene Erweiterung des Aufgabengebiets wecke ich das Interesse der Auszubildenden.

Das eindeutige Lernziel der Unterweisung ist, mit Hilfe der Diagonalkonstruktion einen festen Satzspiegel zu erstellen. Bei einem Erfolg des Lernziels, kann die Auszubildende für alle beliebigen Formate einen Satzspiegel erstellen. Sie legt so einen Grundstein für die harmonische und ausgewogene Gestaltung von Medien.

Mit dem Satzspiegel ordnet und strukturiert man die leeren Doppelseiten. Ein weißes leeres Blatt kann oft den Tatendrang und damit die Gestaltung stoppen. Hilfreich ist daher das Blatt ausgewogen und harmonisch aufzuteilen. Durch den Satzspiegel entsteht ein ganzheitlicher Gestaltungseindruck.

Nach dieser Methode hat bereits Gutenberg den Satzspiegel seiner Bibel bestimmt.

8.2. Stufe: Vormachen und Erklären durch den Ausbilder

In der zweiten Stufe der Unterweisung führe ich die Handlung vor. Dabei erkläre ich den Gesamtprozess und begründe die Vorgehensweise.

1. Zunächst nehme ich mir zwei A4 Blätter im Hochformat und lege Sie wie ein Buch direkt nebeneinander.

2. Die Ecken der so entstandenen Doppelseite werden mit Diagonalen (a) verbunden. Zudem wird auf jeder Einzelseite die untere, äußere Ecke mit der oberen, inneren Ecke mit jeweils einer weiteren Diagonale (b) verbunden.

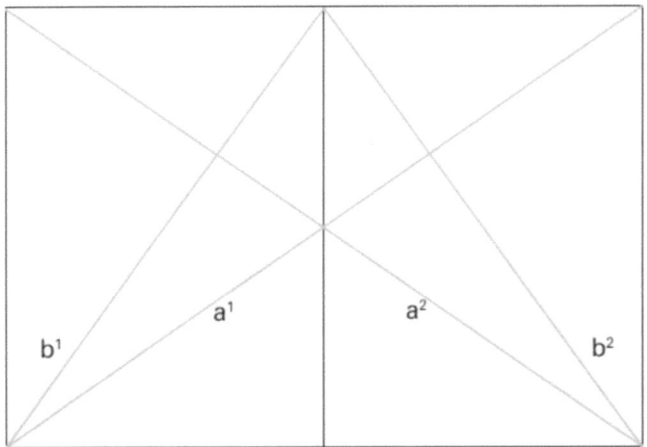

Abbildung 1:
Konstruktion der Diagonalen
$a^1 + a^2$ = Doppelseitendiagonale
$b^1 + b^2$ = Einzelseitendiagonale

3. Mehre Schnittpunkte entstehen durch die Diagonalen. Da wo sich die Linie b^1 und die Linie a^2 kreuzen, entsteht der Punkt c. Ausgehend von diesem Punkt zeichnen wir eine Linie, die parallel zu a^1 läuft. Der Schnittpunkt dieser Linie d mit der Linie b^2 auf der gegenüberliegenden Seite ergibt den Ausgangspunkt e für den Satzspiegel.

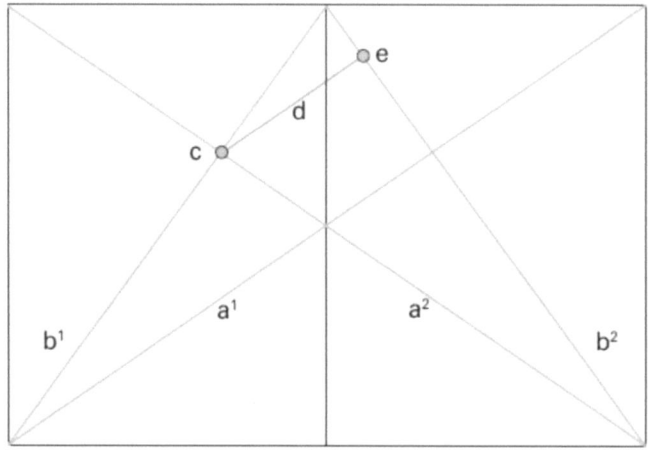

c = Kreuzung der Diagonalen b^1 und a^2
d = parallel laufende Linie zu a^1
e = Ausgangspunkt für den Satzspiegel

4. Der eigentliche Satzspiegel wird nun konstruiert. Durch den Ausgangspunkt e zieht man eine Horizontale, die die Diagonale a1 in Punkt f, dem zweiten Eckpunkt des Satzspiegels, schneidet. Eine durch f gezogene Vertikale schneidet die Diagonale b2 in Punkt g, dem dritten Punkt des Satzspiegels. Eine Horizontale durch g schneiden sich in Punkt h und vervollständigen den Satzspiegel.

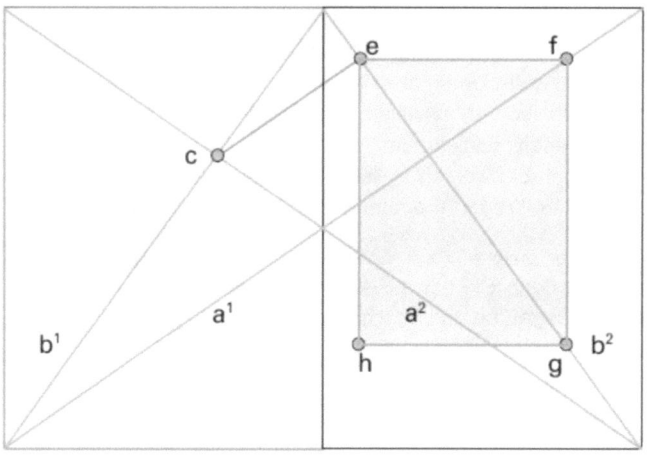

Satzspiegel definiert durch die Eckpunkte
e, f, g und h

Durch den konstruierten Satzspiegel teilt sich die Seite in feste Bestandteile. Der Satzspiegel (hier in Orange abgebildet), der Kopfsteg, der Fußsteg sowie der Bund- und der Außensteg.

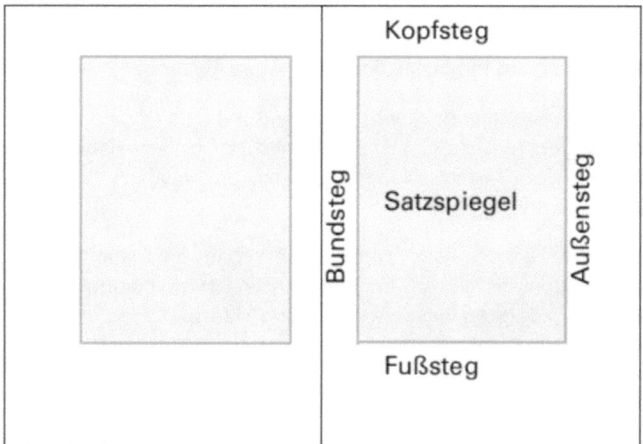

Der Satzspiegel ist die Nutzfläche auf der Seite und in der Gestaltung ein wichtiger erster Schritt. Die Spalten mit Text, Grafik oder Bild gehören immer zum Satzspiegel.

8.3. Stufe: Nachmachen und erklären lassen

Wollen Sie es jetzt auch mal versuchen? In der dritten Stufe wiederholt die Auszubildende selbständig die in Schritt zwei vorgemachten Tätigkeiten und erklärt dabei die Vorgehensweise. Als Ausbilderin beobachte ich das Geschehen und korrigiere bei Fehlern. Im Gegenzug sollte die Auszubildende bei guten Leistungen gelobt werden. Bei dem aufmerksamen beobachten können zusätzlich Kontrollfragen (Warum ist ein Satzspiegel wichtig?) gestellt werden.

Durch das Nachmachen und Erläutern erlangt die Auszubildende eine hohe Merkfähigkeit, denn Sie hat die Arbeitsschritte sowohl gesehen und gehört, als auch selbst ausgeführt und beschrieben.

8.4. Stufe: Selbständiges Üben zur Vertiefung

In der vierten Stufe hat die Auszubildende Gelegenheit, die Tätigkeiten solange zu wiederholen, bis Sie diese ohne Probleme beherrscht. Das heißt, die Auszubildende soll am Ende der Unterweisung die Arbeitsschritte selbständig vollziehen und zu einem sachgerechten Ergebnis führen. Zur Übung kann auch das Format angepasst werden.

Als Ausbilderin stehe ich während dieser Übungsstufe für Fragen zur Verfügung. Die Auszubildende übernimmt nach Beendigung der Aufgabe, die Kontrolle der vollbrachten Leistungen.

Zum Schluss kontrolliere und bewerte ich das Ergebnis der vollbrachten Leistung. Bei Fehlern übe ich konstruktive Kritik aus und wiederhole bei Bedarf die einzelnen Handlungsabläufe. Bei einer erfolgreichen Abhandlung lobe ich Besonderheiten und motiviere damit die Auszubildende.

Der erstellte Satzspiegel kann anschließend am Computer mit Hilfe von Indesign eingerichtet werden. Für die nächste Unterweisung ist das Befüllen und Anordnen von Texten, Bildern, Grafiken, Seitenzahlen und Logos innerhalb des Satzspiegels vorgesehen.

Es erfolgt der Hinweis, die Unterweisung und die Inhalte im Ausbildungs-nachweis zu dokumentieren. Ich beende die Unterweisung und bedanke mich bei der Auszubildenden für die erfolgreiche Mitarbeit.

9. Lernerfolgskontrolle

Zur Sicherung des Lernerfolgs wird das Vorgehen von der Auszubildenden am nächsten Tag wiederholt. Um die Motivation zu erhalten, kann das Format angepasst werden und anschließend kann der Satzspiegel in Indesign übertragen und mit Inhalt befüllt werden.